DU THÉATRE

ET

DE SES DIVERSES CONDITIONS

DURANT LE MOYEN AGE

PAR

M. L'ABBÉ JOUVE

Chanoine de Valence.

PARIS

CH. BLERIOT, 55, QUAI DES GRANDS AUGUSTINS.

1861

DU THÉATRE

AU MOYEN AGE.

Arras. — Typographie Rousseau-Leroy, rue Saint-Maurice, 26.

DU THÉATRE

ET

DE SES DIVERSES CONDITIONS

DURANT LE MOYEN AGE

PAR

M. L'ABBÉ JOUVE

Chanoine de Valence.

PARIS

CH. BLERIOT, 55 QUAI DES GRANDS AUGUSTINS

1861

DU THÉÂTRE

ET DE SES DIVERSES CONDITIONS

DURANT LE MOYEN AGE

I.

Au XVIIe siècle, l'esprit janséniste d'une part, et, de l'autre, l'ignorance qui régnait généralement sur l'état de la littérature et des beaux-arts pendant le Moyen Age, avaient singulièrement faussé l'opinion touchant les conditions du drame à cette époque, et, par suite, touchant les origines de notre théâtre moderne. Nous sourions aujourd'hui à la lecture de la tirade de Boileau, qui commence ainsi :

> *Chez nos dévots aïeux, le théâtre abhorré*
> *Fut long-temps dans la France un plaisir ignoré.*

Il y a dans ces deux vers autant d'erreurs que de mots. On se demande, en effet, comment nos *dévots* aïeux ont pu ignorer un plaisir qu'ils abhorraient? et comment, s'ils l'ignoraient, ils ont pu l'abhorrer ? Mais ils ne l'ont pas ignoré, tant s'en faut ; nous allons bientôt en fournir la preuve. Prenez donc le contre-pied de ces deux vers, en les retournant, comme il suit :

> *Chez nos dévots aïeux, le théâtre honoré*
> *Fut long-temps dans la France un plaisir savouré.*

Poursuivons nos citations :

De pélerins, dit-on, une troupe grossière
En public à Paris y monta la première,
Et sottement zélée en sa simplicité
Joua les Saints, la Vierge et Dieu par piété.

Admirez comment la question si importante des origines de notre théâtre est ici tranchée par un *dit-on !* Voilà quatre vers qui accusent la complète ignorance de Boileau sur un fait littéraire, qu'en sa qualité de *Législateur du Parnasse*, il aurait dû étudier à fond. Il prouve bien, par la forme dubitative dont il se sert, qu'il n'en savait pas le premier mot. Ce *dit-on*, quand il s'agit de fixer l'un des points les plus graves de l'histoire du drame en France, est vraiment plaisant. Il nous donne la mesure de la légèreté avec laquelle notre Aristarque formulait ses jugements. Aussi, combien, et des plus fameux, ont déjà été cassés par la postérité, et combien d'autres, sans doute, le seront encore par nos neveux ! Ce qu'il dit ici de cette *troupe grossière de pèlerins,* qui, à Paris, monta *la première* sur le théâtre pour y jouer les Mystères, est précisément la contre-partie de ce qu'il aurait avancé, s'il avait tant soit peu étudié les origines du théâtre français. Cette étude lui aurait appris que, depuis des siècles, la France possédait un théâtre, établi sur de grandioses proportions, et que cette période des *mystères* qu'il nous montre comme le prélude ridicule de notre art dramatique, n'était que la continuation tronquée, dégénérée, d'un système théâtral bien antérieur et autrement imposant.

Le savoir à la fin dissipant l'ignorance
Fit voir de ce projet la dévote imprudence.

De quel côté se trouve l'ignorance en cette affaire, sinon du côté de Boileau ? De quel côté est le *savoir*, sinon du côté des doctes critiques dont les travaux, que nous allons bientôt rappeler, ont jeté une si vive clarté sur les conditions du théâtre dans ces âges reculés? Oui, ici encore nous intervertirons le langage de Boileau, et nous démontrerons comment,

> *Le savoir à la fin dissipant l'ignorance*
> *Confondit de ses vers l'incroyable assurance.*

Notre Aristarque se fût épargné une telle confusion, s'il avait *su* lui-même utiliser les nombreux documents, relatifs à ce point historique, qu'il avait sous la main. Il aurait appris qu'avant ces spectacles grossiers que représentaient les confrères de la Passion, le théâtre avait fleuri à l'ombre même du sanctuaire; qu'il avait été cultivé par les clercs et les moines, introduit dans l'Église, mêlé aux cérémonies les plus saintes, aux fêtes les plus solennelles, mais aussi réglé, inspiré et soutenu par le sentiment religieux et chrétien, de telle sorte qu'il avait pu servir à l'édification, à l'instruction des peuples, en même temps qu'à leur procurer de doux et honnêtes plaisirs [1].

En 1849, au dernier Concile provincial d'Avignon, la question du refus de sépulture aux comédiens, ayant été soumise à celle des Congrégations dont je faisais partie, je crus devoir insister auprès de mes collègues sur la grande différence qu'il y avait entre les anciens mimes, histrions, si justement flétris par les Pères et les Conciles, et les acteurs sacrés des drames liturgiques du Moyen Age, dont plus tard les Mystères des confrères de la Passion ne furent en quelque sorte que la parodie. J'insistai ensuite sur la différence non moins grande qu'il y avait entre les graves acteurs des mêmes drames au XIIIe siècle, et ceux de la Foire, du XVIe, devenus

---

[1] *Revue de la musique religieuse*, de M. DANJOU, t. IV, p. 69.

postérieurement sous Louis XIII et sous Louis XIV de vrais comédiens. J'ajoutai que de cette époque seulement datait l'existence de la comédie et des comédiens proprement dits ; et, encore, disais-je, il y a comédiens et comédiens, acteurs et acteurs, selon le plus ou moins d'importance que les uns et les autres tirent de leur position théâtrale, de leur conduite privée, de leurs relations dans le monde, non moins que de leur talent. J'insistai sur cette dernière considération, autant que sur les distinctions chronologiques déjà rappelées touchant les divers genres de spectacles et d'acteurs qui s'étaient succédés, et cela, afin de prévenir les graves inconvénients d'un décret qui, lancé indifféremment contre tous les comédiens, englobait dans le même anathême les histrions du paganisme, les acteurs religieux du Moyen Age et les comédiens de notre époque. Je concluais en ces termes : « Ou retirez le décret projeté, ou si vous le maintenez, modifiez-le dans sa trop rigoureuse universalité, par deux ou trois indispensables exceptions. » Le décret fut retiré.

Huit années plus tard, en septembre 1857, dans une des sections du Congrès scientifique de Grenoble, je protestais contre la qualification de *barbare*, appliquée au Moyen Age, en tant qu'il aurait été impuissant à produire un système dramatique quelconque. J'affirmais, au contraire, que cette époque soi-disant de barbarie avait eu son art scénique, avec des représentations théâtrales dont la grandeur et l'éclat ne furent point égalés depuis, et je me faisais fort d'appuyer mon attestation de documents péremptoires qu'il m'eût été facile de produire, si le temps me l'avait permis[1].

En effet, dans ses *Origines du théâtre moderne*, publiées en 1838, M. Magnin, de l'Institut, avait établi l'existence, du-

---

[1] *Compte-rendu du congrès scientifique de Grenoble*, t. 1er, p. 584 et 585.

rant le Moyen Age, de jeux scéniques divisés en trois grandes catégories, savoir : 1° le théâtre religieux, merveilleux, théocratique, qui avait eu pour scènes des nefs comme celles de Sainte-Sophie, de Sainte-Marie-Majeure, des cathédrales de Reims, de Cambrai, de Strasbourg, etc.; 2° le théâtre seigneurial et royal qui brilla aux palais des comtes de Provence, des ducs d'Aquitaine, de Bretagne et de Normandie; 3° le théâtre populaire qu'on vit constamment, à de certains jours, s'agiter et s'ébattre dans les places de Florence, sur les quais de Venise, dans les carrefours de Londres et de Paris [1].

Déjà aussi, après les intéressants travaux de M. Magnin et d'autres encore, tels que MM. de Monmerqué, Francisque Michel et Jubinal, M. Danjou, avait, en 1848, publié sur cette matière un article remarquable, cité plus haut, qu'il avait accompagné de la reproduction en *fac simile* du drame de Daniel, *Daniel Ludus*, retrouvé par lui à Padoue, où il était devenu la propriété d'un particulier, après avoir appartenu, avant la Révolution, au chapitre de la cathédrale de Beauvais.

Aujourd'hui, M. de Coussemaker, si connu par ses beaux travaux sur l'histoire de la musique sacrée, vient de mettre au jour, sous ce titre : *Drames liturgiques du Moyen Age*, un magnifique volume in-4° de 350 pages [2], contenant vingt-deux pièces, texte et musique, dont la plupart n'avaient pas encore paru. Ce volume qui, pour l'exécution typographique, d'une grande richesse, d'une rare distinction, fait beaucoup d'honneur aux presses de M. Vatar, offre une reproduction scrupuleusement exacte, quant au texte et à la

---

[1] *Drames liturgiques du Moyen Age*, par M. DE COUSSEMAKER (Introduction)
[2] Rennes, H. VATAR, 1860.

notation musicale, des manuscrits originaux. Il est précédé d'une préface qu'on peut regarder comme une savante dissertation historique, critique et philosophique sur le drame du Moyen Age en général, et sur le drame liturgique en particulier.

La collection des vingt-deux pièces qui figurent dans le corps de l'ouvrage, et parmi lesquelles nous avons remarqué surtout le drame de la *Résurrection* et celui des *Filles dotées,* se termine par de curieuses notices sur les sept manuscrits d'où le savant musicographe a tiré les *Drames liturgiques* qui composent sa publication. Ce sont ceux de Saint-Martial de Limoges, des bibliothèques de Tours et de Beauvais, de l'abbaye de Saint-Benoît-sur-Loire, de Bigot, d'Origny-Sainte-Benoite, et ceux de Cividale, qui, avec ceux que nous venons de nommer, avaient déjà offert à d'autres antiquaires une si riche moisson.

De l'ensemble de ces précieux manuscrits et des savantes publications auxquelles ils ont donné lieu, il résulte donc, jusqu'à l'évidence, que le Moyen Age a eu aussi son théâtre, organisé sur une vaste échelle et dans des conditions telles, qu'il avait plus de rapport avec le théâtre grec antique, que n'en ont eu, depuis, nos tragédies modernes, calquées plutôt sur le système dramatique de la décadence latine.

Oui, cette grande époque du Moyen Age, si complète, si adéquate, qui ne nous a pas encore révélé tous ses secrets, avait son théâtre aristocratique, son théâtre populaire, son théâtre religieux. Et, pour ne parler que de celui-ci, qui nous occupe principalement, qu'on se figure, par exemple, l'*Adoration des Rois*, représentée dans la cathédrale d'Amiens, entre Matines et Laudes, comme cela se pratiquait alors, par les trois premiers seigneurs de la ville ou de la province, jouant le rôle des trois Mages, avec la brillante assistance de leurs varlets, hérauts d'armes, pages et écuyers, portant dans des vases d'or et dans des cassolettes ornées de pierreries, les parfums exquis et les riches offrandes destinées à Jésus enfant ! Qu'on se figure encore les mêmes personnages, chantant tour-à-tour les séquences propres à la circonstance, auxquelles, tantôt l'escorte, tantôt le peuple, répondait en chœur. Ou bien qu'on se représente la succession des hommes et des femmes illustres des deux Testaments, sculptés aux portails de nos cathédrales ou traduits en peinture diaphane sur les vitraux dont les reflets projettent au loin leurs harmonieuses couleurs ; qu'on se représente, dis-je, ces grandioses et intéressants sujets, reproduits, au milieu des pompes de la liturgie, en tableaux vivants, par autant de personnages aux riches et pittoresques costumes, en présence d'une foule pieuse vivement impressionnée d'un tel spectacle, et l'on aura une idée de ces drames liturgiques qui se déroulaient jadis avec tant de grâce et de majesté sous les voûtes de nos basiliques, maintenant si nues, si délaissées !

II.

L'esprit classique et païen de la Renaissance, qui inspira la découverte de notre genre dramatique moderne, contribua beaucoup à la décadence du drame liturgique ; le scepticisme philosophique du siècle dernier lui porta le dernier coup. Toutefois, on le vit fleurir encore aux XVIe et XVIIe siècles, dans la Flandre et dans l'Artois, provinces qui ont conservé, jusqu'à ce jour, un goût prononcé pour ces sortes de représentations, et surtout pour les spectacles en plein air. Dans les *Annales archéologiques* (tome x, page 92 et suiv.), M. le baron de La Fons Mélicocq nous a fait le récit intéressant et animé des cérémonies et spectacles qui avaient lieu durant cette période, à chaque fête de l'année, à Arras, à Béthune et à Saint-Omer. Après lui, M. Didron a retracé les scènes on ne peut plus originales qu'on vit se dérouler à Béthune, lors de la célèbre procession dramatique de 1562, et dont la ville de Valenciennes nous offrait, il y a quelques années à peine, le brillant reflet.

Le drame liturgique avait encore laissé des traces plus ou moins sensibles de son ancienne splendeur à Reims, dans le dialogue chanté à la Messe de Minuit entre le peuple et les enfants de chœur, représentant les bergers, et dans le *Gloria tibi laus* du dimanche des Rameaux, chanté à la rentrée de la procession, par les enfants de chœur, du haut de l'une des tours de la cathédrale, appelée, pour cette raison, *Tour du Gloria;* à Angers, dans la célèbre procession, dite du *Sacre*, le jour de la Fête-Dieu. (*Revue de l'Art chrétien,* t. IV, p. 147.)

A Romans, en Dauphiné (autrefois du diocèse de Vienne, maintenant de celui de Valence), existait dans la belle église gothique collégiale de Saint-Barnard, l'usage d'un dialogue public à la manière de celui de Reims, chanté à la Messe de Minuit entre les fidèles placés dans les galeries supérieures et ceux du bas de la grande nef.

L'an 1509, aux fêtes de la Pentecôte, la même ville fit exécuter le Mystère des trois Doms ou trois martyrs Séverin, Exupère et Félicien, en reconnaissance de leur protection durant une maladie pestilentielle qui avait décimé la cité. Ce Mystère en trois journées fut composé par le chanoine Pra, de la ville de Grenoble, et corrigé par Chevalet, poète de Vienne, et « souverain maître en telle composition ». M. Émile Giraud, ancien député de la Drôme, résidant à Romans, auquel on doit de précieuses publications historiques, a découvert un manuscrit où sont relatés, jour par jour, les arrangements pris, les marchés passés, les sommes payées ou reçues pour la composition, la mise en scène et la représentation de ce drame. Ce manuscrit, reproduit avec une rigoureuse exactitude par L. Perrin, de Lyon, sous ce titre « Composition, mise en scène et représentation des Mystères des trois Doms » forme un beau volume, grand in-8° de 130 pages, accompagné de deux planches et d'une gravure sur bois ; je viens de le parcourir avec un vif intérêt.

« En publiant ce mémoire, disait M. Didron, M. Giraud y ajoute une introduction et des notes qui jettent un jour éclatant sur la représentation des mystères du Moyen Age, sur l'établissement d'un théâtre de cette époque, la décoration et la mise en scène. Nous savons désormais de science certaine comment s'établissait une scène gothique et comment se distribuait et se plaçait la population d'une ville entière pour assister à la représentation d'un mystère... Le manuscrit de M. Giraud est d'un grand intérêt ; on y trouve précisées et évaluées toutes les substances (le bois, le fer, les couleurs pour la décoration, etc.), employées à construire la scène et le théâtre où fut accompli le Mystère des *Trois Doms*. Le peintre des décorations est nommé ; il s'appelle François Thévenot. On le fait venir d'Annonay. Les charpentiers, les machinistes, les acteurs sont également nommés, absolument comme pourrait le faire aujourd'hui une affiche de notre Grand-Opéra. On y trouve jusqu'au comité de lecture, qui écoute la pièce du chanoine Pra, et ne la reçoit qu'après de très-nombreuses corrections. Nous le répétons, le Mémoire de M. Giraud est du plus piquant intérêt ; il a seulement le tort d'être trop court. M. L. Perrin, imprimeur de Lyon, mérite des éloges pour les soins donnés à l'exécution typographique ; on ne ferait pas mieux à Paris [1]. »

---

[1] *Annales archéologiques*, tom. IX, p. 65 et 66.

A la même époque, dans une ville très-voisine de celle de Romans, à Valence, on honorait par des représentations, empreintes des rites des anciennes fêtes héroïques du paganisme, le martyre de saint Félix prêtre, Fortunat et Achillée, diacres, premiers apôtres de la cité. On célébrait leur mémoire par des scènes théâtrales ou mystères dont ils étaient les principaux acteurs. Il existe encore une tragédie manuscrite, faite en leur honneur par un consul de Valence. Leur intercession était surtout invoquée pendant les calamités publiques. Lorsqu'advenait le jour de leur fête, on élevait à grands frais un théâtre en bois sur lequel était joué selon l'usage leur glorieux martyre. Des lettres-patentes (1524) de Louise, duchesse d'Angoulême, régente de France, nous apprennent « que les manants et habitants de la ville de Valence, pour préserver et garder leur ville des pestes et autres maladies et inconvénients, et la tenir en santé et en prospérité dès longtemps, ont pour ancienne et louable coutume et observance accoutumée, de vingt-cinq en vingt-cinq ans ou autre temps limité, jouer ou faire jouer l'histoire des glorieux saints martyrs Félix, Fortunat et Achillée, desquels les corps reposent en icelle ville. » Les Valentinois obtinrent de la Régente une exemption de péages pour les bois nécessaires à la construction des théâtres et autres ouvrages de charpente destinés à la célébration de la fête des Saints [1].

III.

Mais, le monument le plus curieux et le plus important qui nous soit resté de ces sortes de représentations, ce sont

---

[1] Jules Ollivier, *Essais historiques sur la ville de Valence*. 1 vol. in-8°, 1831.

les célèbres jeux de la procession de la Fête-Dieu, à Aix en Provence, dont il m'a été donné d'être le témoin. Institués vers l'an 1462 par le roi Réné, comte de Provence et duc d'Anjou, ils offraient, comme ils offrent encore aujourd'hui, quoique dans de moindres proportions, au moyen de scènes fort variées exécutées sur la grande ligne du parcours de la procession, les dieux nombreux de la fable avec les principaux personnages et faits historiques de l'Ancienne et de la Nouvelle Loi. La pensée de cette institution fut, tout porte à le croire, l'expression de deux grandes idées, savoir : les rapports de l'Ancien Testament avec le Nouveau, et le triomphe de l'Église sur le paganisme et ses fausses divinités.

En effet, c'était dans les ténèbres que, la veille de la fête, ces faux dieux parcouraient les rues de la cité, et, le lendemain, au grand jour, les scènes bibliques venaient dissiper les ténèbres de la nuit. Le tout était entremêlé de simulacres de tournois, brillante manifestation des mœurs de la chevalerie, avec son double caractère d'imagination ardente et de candide foi. Ensuite, vers le soir, la fête se terminait par la procession générale du Saint-Sacrement, qui était elle-même une partie distincte mais non séparée de la solennité.

Dans l'impossibilité où je me trouve, faute d'espace, de donner ici une description complète de ces innombrables scènes qui occupaient des centaines d'acteurs, je me bornerai à la reproduction du programme, actuellement sous mes yeux, qui fut adopté par l'autorité municipale, lors de la dernière célébration des *Jeux*, en 1851, laquelle dura trois jours, du vendredi 20 juin au dimanche suivant. Nous y voyons, le premier jour, la nomination et proclamation solennelle, à l'Hôtel-de-Ville, au bruit des fanfares, de l'Abbé de la Jeunesse, du Roi de la Bazoche et du Prince d'Amour; le samedi, de six heures à neuf heures et demie du matin, les aubades de tambours, fifres et tambourins ; à dix heures, la sortie de tous les Jeux qui se feront pendant toute la journée, dans tous les quartiers de la ville ; leurs exercices que voici : *Grand jeu des Diables* ou *le roi Hérode ; Petit jeu des Diables* ou *l'Armette ; le Jeu du Chat* ou *Moïse et le Veau-d'Or; la Reine de Saba* ou *le Castellet; la Belle Étoile* ou *les Rois Mages; les Tirassons* ou *Massacre des Innocents; les Chevaux frux* ou *Tournois à armes courtoises; les Grands Danseurs; les Petits Danseurs; les Rascassettes; saint Christophe ; la Mort.* A midi, itinéraire du Guet ; à cinq heures, réunion du grand cortége à la Mairie ; à six heures, départ du grand cortége ; à sept heures, cérémonie de l'inauguration des Jeux de la Fête-Dieu devant la statue du roi Réné sur le Cours ; à huit heures et demie, *Passade* ou *Pas d'armes* des bâtonniers de l'Abbadie et du Roi de la Bazoche. Elle partira de la cathédrale et suivra l'itinéraire de la procession. A dix heures du soir, sortie du Guet ou grande cavalcade mythologique aux flambeaux. La Renommée ouvrira la marche en sonnant de la trompette. Les chevaliers du Guet, à cheval et à pied, escorteront la bannière de la ville. Les principales divinités païennes figureront à cheval et dans des chars. Les trois Parques termineront le cortége. Plusieurs grands corps de musique de trompettes, un grand nombre de tambours à quatre timbres, des tambourins, des fifres, timbales, tympanons et palais joueront les airs traditionnels notés par le roi Réné. Tous les jeux, tels que *Diables, Chevaux frux,* etc., qui auront paru dans la journée, défileront aussi au passage du Guet. Une grande quantité de torches éclairera cette calvacade fantastique, qui parcourra la plupart des rues de la ville.

Dimanche 22 : salve d'artillerie au point du jour ; aubades dans la matinée. A neuf heures, sortie du grand cortége, pour aller en visite; tambours et fifres, bâtonniers de la Bazoche, corps de musique. Le roi de la Bazoche, lieutenant et guide, page, écuyer, porte-enseigne, capitaine des gardes; escorte des hommes d'armes; tambours et fifres; bâtonniers de la Cannette, corps de musique, le Prince d'Amour, guidon, etc. A dix heures, sortie de Jeux divers, qui parcourront la ville dans tous les sens. A dix heures et demie, l'Abbé de la Jeunesse, le Roi de la Bazoche et le Prince d'Amour, avec leur suite, assisteront à la grand'messe à la métropole. A deux heures, salut des bâtonniers, porte-enseignes et capitaines des gardes devant le Maître-Autel de la cathédrale; sortie successive de l'église des bâtonniers, de l'Abbadie et de la Bazoche. Ils parcourront l'itinéraire de la procession en faifaisant les exercices du bâton, du drapeau et de la pique; l'Abbé de la Jeunesse, avec sa suite; le Roi de la Bazoche, avec ses officiers, marcheront chacun après leurs bâtonniers. Le Prince d'Amour paraîtra le dernier, avec son cortége et accompagné des bâtonniers de la Cannette. Les Jeux divers précéderont la procession jusqu'à sa sortie, en donnant des représentations sur leur passage. Vu et approuvé, etc.

Ainsi, immédiatement après cette immense procession des Jeux, qui faisait tout le grand tour de la ville, venait la procession générale du Saint-Sacrement proprement dite, fort belle et fort nombreuse, terminée par le personnage de la Mort, promenant sa faulx çà et là, pour faire pendant aux trois Parques que nous avons vues terminer aussi la procession des divinités païennes.

Tels sont, même encore de nos jours, ces célèbres Jeux de la Fête-Dieu, dans l'ancienne capitale des Provençaux. Bien que sensiblement dégénérés, sous plusieurs rapports, de leur ancien éclat, ils peuvent cependant nous donner une idée de tout ce qu'il y avait de pompe et d'originalité dans ces grands spectacles d'une époque pleine d'enthousiasme et de foi [1].

Dans son *Voyage dans les départements du Midi de la France*, tome II, Millin consacre tout un long chapitre, le 54ᵉ, à la description de ces Jeux, dont il reproduit, en outre, les principales scènes dans l'Atlas de planches qui accompagne son savant ouvrage. Il rappelle, en même temps, page 328, qu'à l'époque où Réné composa sa procession, dans la ville d'Apt, des jeunes gens habillés aux frais du public représentaient aussi les saints mystères le jour de la Fête-Dieu [2], et que les habitants d'Arles retinrent pendant un an, en 1433, les mimes ou ménétriers qu'on leur avait envoyés pour relever la pompe des processions. Réné ne fit donc, en établissant cette fête, que suivre un usage du temps, convenable à ses goûts : il voulut cependant lui donner un but moral, en la faisant précéder de l'apparition des dieux du paganisme, que la présence du Sauveur fait rentrer dans le Tartare ; c'est pourquoi ce bon roi nomma cette fête, *le Triomphe de l'adorable Sacrement* ou *le Sacre* [3].

Dans la même ville d'Aix, si riche en monuments du drame liturgique du Moyen Age, et où, jusqu'à ce jour, l'on

---

[1] Voir, pour plus amples détails et éclaircissements, les ouvrages suivants : Explication des jeux de la Fête-Dieu, etc., et de la Bravade de saint Jean (avec les airs notés de la *Reine de Saba*, des *Chevaux fringants*, de la *Passade* et de la *Marche du lieutenant du Prince*), à Aix, chez Aubin, 1851. — *Explication nouvelle des jeux de la Fête-Dieu d'Aix, au point de vue historique et symbolique*, par l'abbé GUIET. Aix, Makaire et Deleuil. 1851. — Voir aussi le bel ouvrage de M. ROUX-ALPHÉRAN, *Histoire des Rues d'Aix*.

[2] Dans ses *Études historiques et religieuses sur le XIVᵉ siècle*, p. 275-281, l'abbé ROSE a donné une complète et intéressante description de cette procession de la Fête-Dieu.

[3] Réné aimait ces sortes de représentations dramatiques qui étaient les seules qu'on connût alors. Il fit représenter en 1476 une pièce appelée la *Moralité de l'homme mondain*. (Note de Millin.)

a chanté le lendemain de Noël, à la cathédrale, les fameux plancts ou plaintes, *planctus*, de saint Étienne, premier Martyr, j'ai eu cette année, 1861, la bonne chance d'entendre, à la métropole, l'une des deux belles Passions, composées par M. l'abbé Charbonnier, habile organiste, musicien plein de goût et de talent. Celle dont il s'agit, disposée comme la plupart des Passions qu'on exécute encore dans quelques autres grandes églises, est divisée en trois parties vocales, dans l'ordre suivant. L'une, en récitatif simple et accentué, est confiée au prêtre ou diacre, qui remplit le rôle d'historien ; l'autre, en récitatif plus doux, plus mélodique et en quelque sorte chanté, est faite par celui qui représente Notre-Seigneur ; la troisième enfin, qu'on appelle la tourbe ou le peuple, traitée en chœur avec accompagnement de violoncelle et de contre-basse, est chantée par toute la maîtrise et le bas-chœur. Ce dialogue entre la tourbe et l'évangéliste historien, entrecoupé de la voix douce et pénétrante du Sauveur, offre un contraste saisissant, et du plus bel effet. C'est là véritablement le drame liturgique élevé à sa plus haute expression, tel qu'il devait jadis, plus magnifique encore, se dérouler et se chanter, dans nos grandes basiliques du Moyen Age, mais avec une harmonie qui n'était et ne pouvait être aussi riche qu'elle l'est devenue plus tard. Or, c'est cette harmonie si riche de tons, de nuances, de modulations, et avant tout, si bien appropriée au sujet, que j'ai particulièrement admirée dans la remarquable Passion de M. l'abbé Charbonnier, pour le Dimanche des Rameaux, laquelle cependant, m'a-t-on dit, est moins belle que celle du Vendredi-Saint. Puissent-elles, l'une et l'autre, se propager et, surtout, être chantées dans nos cathédrales avec le même ensemble et la même précision que dans celle de Saint-Sauveur !

IV.

La résurrection du théâtre et du drame liturgique du Moyen Age serait-elle possible aujourd'hui, comme l'a été celle de l'architecture romane et ogivale de cette mémorable époque? Un écrivain, fort compétent en pareille matière, M. D. Laverdant, s'est posé cette question et y a répondu en ces termes : « Au Moyen Age, l'Église avait produit le germe d'un admirable théâtre; mais la Renaissance païenne étouffant cette belle semence sous son ivraie, n'a pas tardé à livrer la scène aux dieux de l'Olympe. Le temps est venu de restituer au vrai Dieu tous les arts, de restaurer en Jésus-Christ l'art dramatique. Le monde s'est servi trop souvent du théâtre pour chanter les dieux et les demi-dieux olympiens et tous les héros qui leur ressemblent. L'abus, à cet égard, a atteint les limites extrêmes. Faut-il, parce qu'on a abusé du théâtre, le proscrire absolument comme ont fait les jansénistes Nicole et Conti, et, à leur suite, Jean-Jacques Rousseau et Bossuet lui-même? Répudier la nature, parce qu'on en abuse, cela est-il raisonnable? cela est-il catholique? La nature, dans toutes ses puissances, est pour être consacrée à Dieu. C'est ce qu'a victorieusement démontré le P. Porée, c'est ce qu'a toujours compris la Compagnie de Jésus et presque toutes nos milices sacrées. C'est dans ce sentiment, qu'au moment même où certains gallicans jansénistes proscrivaient le roman, un illustre prélat d'Angleterre, S. Ém. Mgr. le Cardinal Wisemann et un savant et pieux religieux, le R. P. Newmann, mieux inspirés, consacraient cette forme de l'art à l'apologie de l'Église [1].

---

[1] *Mémorial catholique*, août 1860, pag. 330 et 331.

Bien plus, M. Laverdant, passant de la théorie à la pratique, a voulu essayer lui-même la composition d'un drame historique-religieux, dans le genre de ceux du Moyen Age, et c'est une grande figure du Moyen Age, celle du pape Grégoire VII, qu'il a choisie pour son héros. Laissons-le exposer lui-même son plan, dans cette importante et si nouvelle entreprise.

« J'ai vu, dans l'histoire, l'Église militante au milieu du monde ennemi ; j'ai spécialement remarqué que le combat incessant de l'Église contre l'État, a son expression culminante dans le duel du Pape et de l'Empereur, au Moyen Age. J'ai cru reconnaître dans saint Grégoire VII le plus vigoureux champion du Christ et de son Église, le plus puissant héritier de saint Pierre... Je me suis donc décidé à faire un *Essai de théâtre catholique*. Mon drame est catholique, dans ce sens, d'abord, qu'il est tout entier consacré à la glorification de l'Église militante. Il est catholique, en outre, parce que j'ai cherché à m'inspirer de la forme générale des *Mystères* dramatiques du Moyen Age, forme qui n'a aucun rapport avec le théâtre français du siècle de Louis XIV. La tragédie française, tout le monde en convient aujourd'hui, ressemble, quant à la forme, à la tragédie de la décadence latine, beaucoup plus qu'au drame grec. Le grand Corneille se plaint incessamment d'être gêné par les liens dans lesquels l'abbé d'Aubignac et son protecteur Richelieu resserraient son génie. Racine, dans son *Athalie*, a secoué ce joug. Le drame grec est beaucoup plus libre et large dans ses formes. Les mystères sont un spectacle bien autrement vaste et grandiose que le théâtre grec lui-même ; c'est un art d'un caractère universel vraiment catholique. Ces vastes tableaux dramatiques comprenaient toute la création, le ciel et la terre et les enfers. A l'imitation de ce grand modèle de l'art catholique, j'ai embrassé dans mon drame tous les éléments de la vie humaine. Les lieux sont divers; les décors variés, humbles ou splendides. La scène se passe tantôt chez le pauvre peuple, tantôt dans le palais des rois, tantôt dans la maison de Dieu. Les animaux que Dieu a fait aides de l'homme, *adjutorium,* concourent accessoirement; les hommes apparaissent dans toutes leurs fonctions, travail des champs, édification des églises, assemblées scientifiques, luttes politiques, intrigues et guerres, pèlerinages, conciles, excommunications solennelles, prières au fond des cloîtres, miracles accomplis par le saint héros. C'est la vie tout entière en mouvement; et tous ces éléments sont coordonnés pour inspirer à la fois et la haine du monde diabolique et l'amour de l'Église, sainte Cité de Dieu [1]. »

Tel est le vaste plan que M. Laverdant vient d'exécuter, et c'est ainsi que nous entendons, même de nos jours, le vrai théâtre. Ce plan réussira-t-il? Nous le désirons vivement, et le succès déjà obtenu par des essais de ce genre, nous le fait espérer. Quand même il ne réussirait pas, ce serait toujours une louable chose de l'avoir tenté. Il n'y a pas trente ans, une telle idée n'eût fait qu'exciter le sourire de l'incrédulité; aujourd'hui, elle peut se produire librement comme une autre, et les sympathiques encouragements ne sauraient lui manquer. Il y a déjà là un immense progrès de réalisé dans l'esprit public.

Aussi, l'auteur d'une telle initiative mériterait, à ce seul titre, les remercîments des amis, de jour en jour plus nombreux, de ces œuvres de littérature et d'art, qui n'ont cessé de s'inspirer aux vives, aux intarissables sources de la révélation et de la foi.

---

[1] *Mémorial catholique,* ibid.

TABLE DES MATIÈRES

§ I.

Réfutation de Boileau. — Concile provincial d'Avignon en 1849. — Congrès scientifique de Grenoble en 1857. — Protestation contre cette assertion, que le Moyen Age était trop barbare pour avoir un véritable théâtre. — De quelques-uns des principaux écrivains de notre temps qui ont fait connaître et ont réhabilité le théâtre du Moyen Age. — Ouvrage de M. de Coussemaker, sur le drame liturgique de cette époque. — Conclusion générale, à l'appui de l'existence et de la beauté de ce drame.

§ II.

Décadence du théâtre commencée par la Renaissance et consommée par la philosophie du XVIIIe siècle. — On le vit encore, aux XVIe et XVIIe, fleurir dans la Flandre et l'Artois. — Il avait aussi, jusqu'à nos jours, laissé des traces à Reims, à Angers, à Romans en Dauphiné. — Mystère des Trois Doms, dans cette dernière ville. — Fêtes théâtrales qui avaient lieu également dans celle de Valence, en l'honneur des Saints Félix, Fortunat et Achillée, premiers apôtres de la cité.

§ III.

Description des Jeux célèbres de la Fête-Dieu, à Aix en Provence. — Drame de la Passion de Notre-Seigneur, à plusieurs personnages, qu'on y chante encore, dans la métropole, comme on le fait dans certaines autres églises le dimanche des Rameaux et le Vendredi Saint.

§ IV.

La résurrection de l'art scénique, dans les conditions où il s'est produit durant le Moyen Age, est-elle possible aujourd'hui ? — Louables tentatives qui viennent d'avoir lieu à cette fin. — *Saint Grégoire VII, pape*, drame historique-religieux de M. D. Laverdant. — Réflexions.

REVUE DE L'ART CHRÉTIEN

Depuis le mois de janvier 1860, la *Revue de l'Art Chrétien* a été notablement améliorée sous le rapport de la qualité du papier, de la beauté des caractères et du nombre des gravures sur cuivre et sur bois. Son format est augmenté de huit pages par numéro. Ces diverses modifications devant imposer aux éditeurs un surcroît de dépenses, le prix de l'abonnement a été élevé à 15 fr. pour la France et à 17 fr. pour l'Étranger.

Cette Revue, consacrée à l'étude de l'Art Chrétien de toutes les époques et de tous les pays, a été fondée en janvier 1857, sous le patronage de vingt et un prélats de France, de Belgique et d'Angleterre. Les quatre volumes parus contiennent 8 gravures sur cuivre, 13 chromolithographies, 12 lithographies, 14 grandes gravures sur bois tirées hors texte et 426 vignettes insérées dans le texte.

L'Univers, l'*Ami de la Religion*, l'*Union*, la *Gazette de France*, le *Journal de Bruxelles*, le *Correspondant*, la *Revue contemporaine*, la *Bibliographie catholique*, le *Messager de la Charité*, la *Revue archéologique*, la *Revue Catholique de Louvain*, et un grand nombre d'autres journaux de France, de Belgique, d'Allemagne, d'Angleterre, d'Italie, d'Espagne, etc. ont vivement recommandé ce recueil mensuel, qui s'adresse non-seulement aux archéologues et aux artistes, mais aussi aux ecclésiastiques, qui doivent surveiller la construction, la réparation et l'ameublement des églises, et aux hommes du monde qui ne veulent point rester étrangers à une science qui tend de plus en plus à s'universaliser.

Un bon nombre d'abonnés, peu familiarisés encore avec l'archéologie, avaient exprimé le désir de voir publier dans la *Revue* une série d'articles élémentaires sur l'histoire de l'architecture, de la sculpture, de la peinture et de l'orfévrerie au Moyen-Age. Ce vœu est exaucé depuis 1860.

Arras. — Typographie ROUSSEAU-LEROY, rue Saint-Maurice, 23.